180 2,80

Reihe 28

PATRICIA ST. JOHN

Ungehorsam ist das Hindernis

40 Jahre Wüstenwanderung

VERLAG HERMANN SCHULTE, WETZLAR

Die amerikanische Originalausgabe erschien unter dem Titel
„Missing the way“ im Verlag Moody Press, Chicago

Aus dem Amerikanischen von Marianne Kawohl

ISBN 3-87739-604-6
HSW 15604
1. Auflage 1977
2. Auflage 1979
Umschlag: Gisela Scheer
Foto: Mauritius, Mittenwald
Satz: Druckhaus Jung, Wetzlar
Druck: Ebner Ulm
Printed in Germany

1

MURREN — DIE SÜNDE DES VOLKES

„Langjährige Erfahrungen und Beobachtungen haben mich in meiner Meinung bestärkt, daß Menschen, die im Blut Jesu Christi Erlösung gefunden haben, vor der Wahl stehen, entweder den Höhenweg oder den Weg durch die Niederung zu wählen. Ich glaube, daß der Heilige Geist dem Wiedergeborenen den 'vortrefflicheren' Weg zeigt und ihn anspornt, diesen zu gehen. Es ist der schmalste Pfad auf dem schmalen Weg zu den Höhen und Tiefen eines gottgeweihten Lebens und der Umwandlung in das Bild Jesu. Wer dieses Angebot ausschlägt, gleitet unmerklich in die niedrigere Ordnung der Durchschnittschristen ab. Er geht jedoch noch auf dem Weg, der ein guter Weg genannt werden mag, und er dient Gott auf seine Weise und findet auch am Ende seines Lebens Gnade durch das Blut Jesu" (John Wesley).

Das vierte Buch Mose ist der Bericht über ein Volk, dem beide Wege offenstanden, das sich aber für den niedrigeren entschied. Gottes Absicht war es gewesen, sein Volk zu seiner Ruhe zu führen. Er hatte ihm ein Land bereitet, in dem zwar Kämpfe nicht automatisch aufhören, in dem diese Kämpfe jedoch zum Sieg führen sollten. In diesem Land sollten sich alle Verheißungen Gottes erfüllen, und das Volk sollte sein Eigentum in Besitz nehmen und sein Erbe genießen. Hunger, Durst und zielloses Wandern sollten der Vergangenheit angehören. — Sie kamen auch bis zur Grenze dieses Landes und erhielten einen Vorgeschmack von seinen Früchten. Dennoch sagte Gott: „Sie sollen nicht eingehen in meine Ruhe!“ (Hebräer 3,11).

Warum nicht? Sie sehnten sich doch danach — und schließlich waren sie ja auch nicht zu schlecht. In den ersten Kapiteln des vierten Buches Mose lesen wir nichts von einer besonders großen Sünde wie Mord oder Unmoral. Sie beschreiben ganz einfach den Weg eines Volkes, das sich zwar Gottes Volk nennt, das aber in sieben sogenannte „kleine“ Sünden hineinschlitterte — kleine, häufig verborgene Sünden, in die auch wir täglich verfallen, die wir aber einfach übergehen und vor uns selbst und unseren Mitmenschen nicht wahrhaben wollen. Doch jede einzelne von ihnen erwies sich für die Israeliten als unüberwindliches Hindernis, als es darauf ankam, ihr Erbe einzunehmen oder auch nur auf dem Weg dahin zu sein. Alle starben angesichts der grünen Hügel und goldenen Täler und gelangten nie in den Besitz dessen, was Gott ihnen zugesagt hatte.

Wenn diese Dinge „zu unserer Belehrung“ geschrieben sind, dann kommt alles darauf an, daß wir die gleichen Fehler vermeiden, um nicht hungrig, durstig und erschöpft das Ende unseres Lebens zu erreichen (und das Leben eilt so schnell dahin!), ohne je die Ruhe erfahren zu haben, zu der uns Gott doch berufen hat — die Ruhe eines harten Lebens im

Kampf auf der Seite Gottes anstatt gegen ihn; die Ruhe eines Lebens, in dem man Gottes Willen freudig annimmt und sich gern darunter beugt, anstatt sich ständig dagegen aufzulehnen und darunter zu seufzen; die Ruhe eines Lebens, in dem man nicht mehr für sich selbst kämpft und sorgt, weil unser Ich nichts mehr zu sagen hat; die Ruhe eines Lebens, in dem man gelernt hat, jede Last und Sorge auf Jesus zu werfen und deshalb unbekümmert und sorglos seinen Weg zu gehen.

Uns nun, die wir Jesus lieben, aber sehr wohl wissen, daß wir diese Ruhe noch nicht erlangt haben, gilt das Wort des Hebräer-Briefes: „So lasset uns nun mit Furcht darauf achten, daß euer keiner dahintenbleibe, solange die Verheißung noch besteht, daß wir einkommen zu seiner Ruhe" (Hebräer 4,1).

Wirklich, wir fürchten, daß wir sterben könnten, ohne diese Ruhe überhaupt kennengelernt zu haben. „Es gibt noch eine Ruhe" — wir haben sie aus der Ferne wahrgenommen, haben von ihr gelesen und sie manchmal sogar geschmeckt. Aber nun laßt uns auch in diese Ruhe „eingehen".

„Wir sehen, daß Israel nicht eingehen konnte wegen seines Unglaubens" (Hebräer 3,19). Der Unglaube kann viele häßliche Formen annehmen und ist die Wurzel zahlloser giftiger Früchte. Eine Form, die zuerst im vierten Buch Mose auftaucht, ist das Murren des Volkes.

Das Volk beklagte sich (4. Mose 11,1-3). Dabei hatte es eigentlich keinen besonderen Grund, unzufrieden zu sein. Sie hatten einfach alles satt. „Ja, natürlich geht es uns gut; selbstverständlich haben wir vieles, wofür wir dankbar sein können, aber ..." Diese Atmosphäre des Mißmuts und Selbstmitleids belastet unser geistliches Leben, beeinflußt unsere Gespräche und beeinträchtigt wahrscheinlich auch unser köperliches Wohlbefinden. Wir sind müde und schleppen uns mühsam vorwärts. Dieser Zustand gilt im allgemeinen keineswegs als Sünde. Unsere Mitmenschen bemitleiden uns und denken nicht daran, uns deswegen zu tadeln. Aber es ist erschreckend festzustellen, daß Gott Murren auf die gleiche Stufe stellt wie Götzendienst, Hurerei und Gott-Versuchen (1. Korinther 10, 1-11).

Unsere Mitchristen sind uns in dieser Beziehung nicht immer eine Hilfe. Wir suchen uns die aus, die ein mitfühlendes Herz haben, und schildern ihnen, ohne eigentlich zu murren, wie hart unser Los ist, wie enttäuscht wir sind, wie schwer wir es haben. Wir bitten sie, für uns zu beten, damit wir Geduld bekommen — und selbstverständlich brauchen wir ihre Fürbitte. Jeder sieht ein, daß wir Probleme haben und dem Zusammenbruch nahe sind. Das Mitempfinden und die Aufmerksamkeit der anderen ist Balsam für unsere Seele.

Es ist viel leichter, unsere Lasten mit lieben Freunden zu teilen, anstatt sie geradewegs dem großen Lastenträger zu bringen und sie für allemal dort abzuladen. Aber seien wir ehrlich: Wollen wir sie wirklich endgültig los sein? Wollen wir tatsächlich gern zu denen gehören, um die sich niemand zu kümmern braucht, weil es ihnen auch so gut geht? Würden wir dann bei unseren Freunden nicht vielleicht in Vergessenheit geraten? Und das wäre doch äußerst tragisch!

„Als der Herr das hörte" — genauso wie unsere Nachbarn — „entbrannte sein Zorn." Außerdem hatte die Israeliten diese allgemeine Unzufriedenheit in einen sehr ernsten und gefährlichen Zustand gebracht. Jetzt hatten sie nämlich eine Ursache für ihr Murren gefunden. Dieses Murren ging von dem Mischvolk aus, das mit ihnen aus Ägypten und durchs Rote Meer gezogen war.

Sie gehörten eigentlich nicht zum Volk Gottes, und, soweit wir wissen, hatten sie nicht hinter den verschlossenen Türen der Israeliten gesessen, geschützt durch das Blut des Passahlammes. Man könnte sie Namenschristen nennen, Kirchgänger, solche, die vielleicht in einem christlichen Elternhaus aufgewachsen sind. Sie gehen mit der Masse, aber wenn die große Glaubensprüfung kommt, wenn es darum geht, sich ausschließlich von dem Brot vom Himmel zu ernähren, versagen sie jämmerlich. Das Volk erinnerte sich an das schmackhafte Essen, das die Ägypter genossen und das ihren Gaumen gekitzelt hatte, und sie vergaßen die Peitschenhiebe, die Treiber und die Sklaverei. „Und das hergelaufene Gesindel in ihrer Mitte war sehr lüstern geworden", und das Volk Gottes ließ sich davon anstecken.

„Unsre Augen sehen nichts als das Manna!" (4. Mose 11,6). Das war die tiefe Ursache ihrer Unzufriedenheit. Zuerst hatte ihnen das Manna vorzüglich geschmeckt; es erinnerte an Waffeln mit Honig und war etwas ganz Neues. Aber mit der Zeit wurden sie es leid. Ihre Gedanken wanderten zu den „Fleischtöpfen Ägyptens“ zurück, und je mehr sie diesen Gedanken nachhingen, desto eintöniger und geschmackloser erschien ihnen das Manna.

Sie wollten sich nicht mehr mit dem zufriedengeben, was ihnen Gott in seiner Güte und Fürsorge zukommen ließ. Für uns ist diese Gabe Gottes Jesus; er ist alles, was uns Gott je verheißen hat. Vielleicht wird er uns mit einer Vielzahl zusätzlicher Gaben beschenken oder uns auch etliche wegnehmen; jedoch alles, was wir wirklich zum Leben und zum Sterben brauchen, finden wir in Jesus. Wenn er uns nicht befriedigt, wird uns auch nichts anderes auf dieser Welt befriedigen. Wenn wir uns nach den Dingen dieser Welt sehnen, wenn wir meinen, andere hätten viel mehr als wir, wenn uns das Leben anödet, dann bringen wir damit zum Ausdruck, daß uns Jesus Christus nicht mehr genügt. „Nichts als das Manna!“ seufzen wir.

Und doch birgt dieser Zustand, in dem man von nichts anderem abgelenkt wird, großen Segen in sich. „Unsre Augen sehen nichts“, sagen wir. Nun stehen uns zwei Möglichkeiten offen: Entweder verbringen wir unsere ruhelosen Tage mit Seufzen und Jammern über all die Dinge, die wir nicht haben und die uns doch auch niemals befriedigt hätten, oder wir setzen uns hin, machen Bestandsaufnahme und freuen uns an dem, was wir haben. „Nichts als das Manna!“ — also zurück zum Manna! Kann es uns befriedigen oder nicht? Hat Jesus das wirklich ernst gemeint, als er sagte: „Wer zu mir kommt, den wird nicht hungern“ (Johannes 6,35)?

„Oh“, sagen die unzufriedenen Christen, „das habe ich versucht, aber es klappte nicht. Die Bibel ist so langweilig, und beim Beten kann ich mich gar nicht konzentrieren.“

Das Manna mußte früh morgens gesammelt, dann gemahlen, geklopft, gebacken und gegessen werden. Es erforderte Zeit, Geduld und harte Arbeit, um sich von diesem Brot zu ernähren. Wieviel Zeit opfern wir jeden Tag für den Umgang mit Jesus? Wieviel geistige Energie und wieviel praktischen Gehorsam bringen wir für das Bibelstudium auf? Wie sieht es mit unserem Gebetsleben aus? Beten wir ernsthaft und regelmäßig? Gib nicht auf, bevor du nicht die Bedingungen erfüllt hast! Gott läßt sich von denen finden, die ihn von ganzem Herzen suchen. Aber das Suchen kostet etwas, nämlich Mühe, Selbstverleugnung und Disziplin. Wenn wir jedoch unser Teil dazu beitragen, wird Gott das Seine tun.

Niemals wurde ein Mensch enttäuscht, der Gott „mit seinem ganzen Herzen, mit seiner ganzen Seele und mit aller seiner Kraft“ gesucht und dabei keine Zeit und Mühe gescheut hat, sondern zielstrebig, entschlossen und in praktischem Gehorsam vorgegangen ist — so wie er sich für das höchste Ziel seines Lebens einsetzen würde. Die Leute jedoch, die dieses Suchen nur nebenbei betreiben und nur dann, wenn es ihnen gerade paßt, werden immer enttäuscht werden.

„Wenn jemand dürstet, er komme zu mir und trinke!“ (Johannes 7,37). Das sagt Jesus. Wer wirklich Durst hat, sehnt sich nach nichts anderem als nach Wasser. Man kann ihm einen Beutel Gold reichen — er wird sich voll Abscheu abwenden, denn er hat seinen Mangel erkannt und weiß, daß er Wasser braucht und sonst nichts.

Es sind unsere vielerlei Wünsche, die uns hindern, zu Jesus zu kommen. Selbst im Dienst für den Herrn sehnen wir uns nach Anerkennung, Beifall und Ermutigung durch Menschen, nach Freundschaft und Erfolg. Wir schielen immer mit einem Auge danach, in der Meinung, Ehre von Menschen würde uns Befriedigung bringen. Wenn wir jedoch dieses Ziel erreicht haben, stellen wir enttäuscht fest, daß wir mehr brauchen. Wir haben noch nicht erkannt, daß sich unser ruheloser Geist nach Gott sehnt.

Die großen Männer Gottes wußten das. David hatte sein Herz erforscht, ehe er sagen konnte: „Eins bitte ich vom Herrn, das hätte ich gern, daß ich bleiben dürfe im Hause des Herrn mein Leben lang“ (Psalm 27,4).

Augustinus wußte es, als er sagte: „Du hast uns zu dir hin geschaffen, o Gott, und unser Herz ist ruhelos, bis es Ruhe findet in dir.“ Nur wir erkennen es häufig nicht.

Wir schauen ständig nach unten in den Schmutz statt nach oben in die Herrlichkeit. Wir bilden uns ein, irgendeine Kostbarkeit könnte im Dreck verborgen liegen — und dabei kommt doch jede gute Gabe und jedes vollkommene Geschenk von oben herab, von dem „Vater der Lichter“ (Jakobus 1, 17).

Eine Mutter wurde unterwegs aufgehalten und kam später als vorgesehen nach Hause. Ihre alleingelassenen Kinder wurden immer müder und ungezogener. Jeder wollte das Spielzeug des anderen haben, und wenn er es schließlich ergattert hatte, warf er es nach wenigen Minuten zornig wieder weg. Es herrschte ein heilloses Durcheinander. Schließlich kam die Mutter, schloß ihre müden, verheulten Kinder in die Arme und lauschte ihren stürmischen Klagen.

„Ich wollte mein Bilderbuch, aber Andreas wollte es mir nicht geben“, schluchzte der eine. „Und ich wollte den Bär, aber Martin riß ihn mir weg“, heulte der andere. „Eigentlich wollt ihr jetzt beide in euer Bett“, sagte die Mutter liebevoll, und nach wenigen Minuten lagen die Kinder friedlich schlafend in ihren Betten.

Sie hatte das unbewußte Bedürfnis ihrer Kinder nach Schlaf erkannt und die Spielsachen, um die sie sich so gezankt hatten, zur Seite gelegt. Nun waren sie zur Ruhe gekommen.

Das Leben wird immer komplizierter. Hüten wir uns davor, daß die verschiedenen kleinen Dinge und Wünsche des Alltags uns den Blick für das Wesentliche im Leben trüben: für unser größtes Bedürfnis. „Wen habe ich im Himmel? Und dir ziehe ich gar nichts auf Erden vor!“ sagt der Psalmist (Psalm 73,25). Vergessen wir auch nicht, daß wir in alle Ewigkeit nichts anderes begehren werden als Jesus Christus allein.

In Christus volle Genüge gefunden zu haben bedeutet, seinen Willen freudig anzunehmen, ob er nun schenkt oder fordert — und im Annehmen liegt Frieden. Der Wille Gottes ist gut, wohlgefällig und vollkommen. So spricht der Mensch, der Gott kennt und liebt und geschmeckt hat, „daß der Herr freundlich ist".

Das Murren und Klagen hört auf, weil Gottes Wille, freudig angenommen, keinen Grund zum Klagen übrigläßt. „Ich greife mit beiden Händen zu und preise Gott", bekennt die Seele, die in die Ruhe Gottes eingegangen ist.

In 4. Mose 11,18-20 gab Gott dem Volk, was es begehrte. Am Ende des Kapitels hatten sie Fleisch genug, so daß es ihnen übel davon wurde. Gott erfüllte ihre Bitten, aber ihre Herzen blieben leer.

Ich möchte es nochmals betonen, weil ich glaube, daß hier die Wurzel all unserer Probleme, unserer Unzufriedenheit und Nervosität liegt: Wenn Jesus uns nicht alles bedeutet, wird nichts anderes unser Sehnen stillen können.

Allein der Wunsch nach Gemeinschaft mit Jesus und das Wissen darum, daß dies unser einziges Verlangen ist, wird uns jederzeit befriedigen. Danach können wir unser Leben lang trachten. Wir werden dabei dem Ziel immer näher kommen, es aber nie ganz erreichen.

„Wir erkennen, indem wir dem Erkannten folgen." Jede neue Erkenntnis zeigt uns einen neuen Glaubensschritt, den wir im Gehorsam zu gehen haben. Wir haben unseren Blick auf die sonnigen

Höhen der Ewigkeit gerichtet. Dabei werden wir dasselbe erfahren wie ein Bergsteiger, der auf einem kleinen Felsvorsprung Atem schöpft und zu dem weißen Gipfel über sich aufschaut. Wird er ihn je bezwingen? Vielleicht nicht. Dennoch würde er lieber sterben als umkehren.

2

EIFERSUCHT — DIE SÜNDE DER FÜHRER

Eifersucht war die Sünde Aarons, des Hohenpriesters, und Mirjams, der Prophetin, der angesehensten Persönlichkeiten des Volkes Israel, des Mannes und der Frau, die Gott hätten am nächsten sein sollen. Es ist die Sünde, die uns wohl allen angeboren ist, und je höher unsere Stellung, desto größer ist die Versuchung. Vielleicht ist dies Satans stärkste geheime Waffe, mit der er versucht, Diener Gottes, die an vorderster Front stehen, lahmzulegen — die Sünde der Eifersucht.

Es ist oft nicht leicht, sie zu erkennen, weil sie uns meist unbewußt ist und uns den Blick trübt, so daß wir nicht mehr klar sehen können.

Was war nun die eigentliche Wurzel des Übels in 4. Mose 12,1? Aaron hatte eigentlich keinen Grund, auf Mose Ehe eifersüchtig zu sein, denn er selbst hatte in sozialer und politischer Hinsicht eine viel bessere Partie gemacht: Er hatte die Tochter eines Prinzen von Juda geheiratet. Aber ein eifersüchtiger Mensch wird jede Gelegenheit wahrnehmen, um andere herabzusetzen und in Mißkredit zu bringen. Vielleicht war dies damals der einzige schwache Punkt, den Aaron an seinem Bruder finden konnte — und diese Chance nützte er weidlich aus.

Eigentlich war es nur ein Vorwand, eine Handhabe, und in Vers 2 kommt der wahre Grund seiner Eifersucht zum Vorschein: „Redet denn der Herr allein durch Mose? Redet er nicht auch durch uns?“ Auf unsere Zeit übertragen: „Bruder Soundso tut einen gesegneteren Dienst als ich. Ich möchte aber auch für so geistlich gehalten werden wir er. Wenn ich ihn nur ein bißchen herabwürdigen könnte, würden die Leute vielleicht höher von mir denken. Wenn seine Stimme ein bißchen seltener gehört würde, hörte man vielleicht mehr auf mich.“

Sie vergaßen, daß es nicht Moses Stimme war, auf die das Volk Israel hörte, sondern Gottes Stimme. Und Gottes Stimme war deshalb so oft und so deutlich zu hören, weil Moses Stimme so selten gehört wurde.

Mose war sehr sanftmütig, „mehr als alle Menschen auf Erden“, so demütig, so selbstvergessen, so wenig auf seine eigene Ehre bedacht, daß er von sich aus nichts zu sagen hatte. Deshalb konnte ihn Gott auch gebrauchen, um durch ihn zu sprechen. Die Linien waren klar gezogen. Gott konnte seine Botschaft durch ihn ohne menschliche Beimischung übermitteln. Mose stand ihm dabei in keiner Weise im Weg.

Johannes der Täufer nahm eine ähnliche Haltung ein, als er sagte: „Ich bin die Stimme eines Rufenden“ — also nur ein Instrument, das Gott gebraucht, um seine Botschaft weiterzugeben. Eine Stimme an sich nützt nichts, wenn sie keine vernünftigen Worte bildet und ausspricht.

Mirjam und Aaron wollten ihre eigene Bedeutung herausstellen, und wahrscheinlich gelang ihnen das auch eine Zeitlang. Viele hörten auf sie. Zweifellos waren sie es, die den Samen der Eifersucht und Unzufriedenheit, die sich dann später zu der Empörung der Rotte Korahs steigerte, ausstreuten. Es gelang ihnen, das Ansehen Moses im Volk zu erschüttern.

Danach lesen wir wieder die inhaltsschweren Worte: „. . . und der Herr hörte es."

Die Leute hören unsere Anspielungen, die feinen Nadelstiche, den Unterton in unserer Stimme, das fehlende Lob, das Schweigen, das so vielsagend sein kann, weil man ja nicht kritisieren will, aber ...

Aber der Herr sah die Eifersucht, Bitterkeit und den Groll im Herzen Aarons. Wahrscheinlich hatte Aaron diese Gefühle verbergen können, weil er sich als Hoherpriester keine üble Nachrede erlauben konnte. Aber der Herr sah und hörte und griff sofort ein.

Eifersucht war die Sünde des Priesters und der Prophetin, und Eifersucht ist häufig die Sünde der Pastoren, Prediger und Missionare. Wir sehen darin die Waffe des Teufels, die er gebraucht, um uns geistlich lahmzulegen. Wir hassen diese Sünde und möchten davon frei werden. Es ist ein großer Tag in unserem Leben, wenn Gott plötzlich eingreift und uns den Spiegel vor Augen hält, so daß wir Heuchelei und Unaufrichtigkeit erkennen. „Da kam der Herr in der Wolkensäule herab" (4. Mose 12,5), und der arme, eifersüchtige Aaron war plötzlich von der Herrlichkeit Gottes umgeben — genau wie an dem Tag, als er zum Priester geweiht wurde, als er in den

Gewändern der Herrlichkeit und Schönheit — gewaschen, gesalbt und gekrönt — zum erstenmal seine Hände aufhob, um das Volk zu segnen.

Welche Gedanken und Empfindungen bewegen uns, wenn wir mitten im Gedränge des Alltags eine Atempause einlegen und auf den großen Tag unserer Hingabe an Gott zurückschauen? Vielleicht auf die Stunde, als wir unser Leben Gott neu zum Dienst weihten? Damals standen wir im Licht seiner Gegenwart und sahen seine Herrlichkeit.

„Herr, hier bringe ich mein alles — Leib, Seel und Geist — dir dar. O du mein Hoherpriester, nimm hin mich ganz und gar ..." Wir meinten es ernst. Doch bald handelten wir in manchen Punkten wieder nach eigenem Gutdünken und gingen unsere eigenen Wege. Aber Gott neigte sich in seiner Barmherzigkeit zu uns und offenbarte uns von neuem seine Herrlichkeit. Er sprach wieder zu uns — doch diesmal waren es nicht Worte des Trostes, sondern Worte der Zurechtweisung. Es ist ähnlich wie bei einem Chirurgen, der das Messer nehmen muß, um die Krebsgeschwulst zu entfernen, damit der Patient wieder gesund werden kann.

Zunächst erhielten Aaron und Mirjam einen scharfen Tadel für ihre Unzufriedenheit und ihr mangelndes Vertrauen. Die ernste, ja feierliche Frage Gottes lautete: „Warum habt ihr euch denn nicht gefürchtet, wider meinen Knecht Mose zu reden?" (4. Mose 12,8).

Nein, wir haben uns nicht immer gefürchtet. Statt dessen haben wir Kritik geübt. Wir haben Gottes

Gebot vergessen: „Gehe hin und weise ihn [deinen Bruder] zurecht unter vier Augen." Doch wir ziehen es vor, ihn hinter seinem Rücken bei den Geschwistern schlecht zu machen. Sie hören dann vielleicht nur unsere Seite und nicken beifällig zu unseren Anschuldigungen, daß Bruder Soundso doch wirklich sehr schwierig sei.

Dann wich die Herrlichkeit des Herrn, und Mirjam war weiß vom Aussatz — das äußere Zeichen ihres inneren Zustandes. Plötzlich erkannten beide — Aaron und Mirjam — ihre Sünde und sahen, wohin sie geraten waren. Vielleicht hatte sich Aaron von seinen prächtigen Gewändern und seinem angesehenen Amt täuschen lassen und dabei vergessen, daß er abgesehen vom Opferdienst ein Sünder in unreinen Kleidern war.

Missionare und Prediger stehen im allgemeinen in hohem Ansehen. Sie können ihre wahre innere Verfassung lange Zeit dahinter verbergen. Doch auch bei „gewöhnlichen" Christen ist es nicht anders. Es ist ein großer Tag in unserem Leben, wenn die Herrlichkeit des Herrn herniederkommt und wir Jesus erkennen, wie er ist. Erschrocken weichen wir dann zurück, erkennen uns selbst und sehen im Licht seiner Liebe und seines Wesens unsere unlauteren Motive, unsere Selbsttäuschung, unsere Eifersucht. Es ist ein großer Tag, wenn andere es auch sehen, weil wir dann nicht länger so tun können, als ob alles in Ordnung sei. „Tot" (4. Mose 12,12) heißt soviel wie „kraftlos für Gott"; „halb verwest" bedeutet „verdorben" und „ansteckend".

Mirjam war auf die Gebete dessen angewiesen, auf den sie so eifersüchtig war. Eine Woche lang mußte sie außerhalb des Lagers verbringen. „So lasset uns nun zu ihm hinausgehen, außerhalb des Lagers, und seine Schmach tragen!“ (Hebräer 13,13). Jesus wartet immer außerhalb des Lagers. Dahin hatte ihn die Welt verbannt, weil sie nichts mit ihm zu tun haben wollte. Und seitdem ist das der Ort, wo er auf uns wartet, um uns zu begegnen.

Endlich frei von der Sklaverei, sich an einem andern messen zu müssen, frei von der krankhaften Bemühung, ihren Ruf nicht zu gefährden, gemieden von allen wegen ihrer offensichtlichen Verderbtheit, fand Mirjam den Einen, der sie so annahm, wie sie war.

Am Kreuz sind wir willkommen — ob aussätzig oder nicht. Und nur dort, wo wir es mit Jesus allein zu tun haben, finden wir Ruhe für unsere Seele.

Wenn wir glauben, uns ständig selbst rechtfertigen und unsere Ehre vor den Meinungen der Menschen verteidigen zu müssen, wird unser Herz nie zur Ruhe kommen. Und doch nehmen wir diese Last beständig auf uns, wehren uns gegen jede Kritik, sind tief gekränkt, wenn man uns beleidigt, und wälzen uns nachts schlaflos von einer Seite auf die andere, wenn jemand anders uns vorgezogen wird. Jesus aber ruft uns zur Ruhe, und zwar durch Sanftmut. Ein sanfter und demütiger Mensch kümmert sich nicht darum, wer größer ist als er selbst. Er hat Gottes Urteilsspruch über sein Leben angenommen und weiß, daß er in sich keine Kraft hat, daß er aber in

Gottes Augen bedeutsamer ist als selbst die Engel. Darum kann er sich zufriedengeben und Gott erlauben, seine Wertmaßstäbe anzulegen. Der ständige Kampf, sich selbst verteidigen zu müssen, ist vorüber.

Allen, die unter ihrem Stolz leiden, unter ihrer Eifersucht und ihrem Bemühen, mehr zu scheinen als zu sein, sagt Jesus: „Wenn ihr nicht werdet wie die Kinder ...", denn kleine Kinder vergleichen sich noch nicht mit anderen. Sie freuen sich an dem, was man ihnen gibt, ohne darauf zu achten, was andere haben. Erst wenn sie größer werden, packt sie die Eifersucht und der Neid und knechtet sie so lange, bis Jesus sie davon befreit. Alles Gekünstelte fällt in dem Augenblick von uns ab, wo wir zu den Füßen Jesu niederknien und vor seiner Sanftmut kapitulieren. Dann geht es nur noch um das, was wir sind, nicht mehr um das, was wir scheinen.

So fand Mirjam außerhalb des Lagers Ruhe und Heilung und kam dann zurück. Wir hören später nichts mehr von ihr, außer, daß sie mit dem Volk Gottes lebte und starb. Wir wissen jedoch, daß Aaron in seinem Amt neu bestätigt wurde. Sein Stab grünte. Seine geistliche Autorität war wiederhergestellt, als er seine Eifersucht aufgegeben hatte. Er lebte und starb als Gottes Hoherpriester.

3

UNGLAUBE — DIE SÜNDE DES VOLKES

„Ziehet hinauf in die Mittagsgegend und besteiget das Gebirge; und besehet das Land, wie es sei ... und nehmet von den Früchten des Landes!" (4. Mose 13, 17.20).

Der große Augenblick war gekommen, der Höhepunkt, auf den sie seit der Stunde, als sie Ägypten verlassen hatten, zugegangen waren.

Der Ruf erging an einem ganz gewöhnlichen Tag ihrer Wüstenwanderung. „Steht auf, steigt auf die Berge, höher als bisher! Betrachtet das Land! Schaut, wie es dort aussieht, wo echter Glaube und völliger Gehorsam Gott gegenüber geübt wird! Überschlagt die Kosten! Fällt es euch zu schwer? Was werdet ihr gewinnen? Was verlieren? Ist der Preis zu hoch? Bringt von den Früchten! Ist geisterfülltes Leben möglich?"

Die Kundschafter machten sich auf, das Land zu besichtigen, und kamen mit dem Mehrheitsbeschluß zurück: „Wir können nicht hinaufziehen gegen das Volk, denn es ist uns zu stark!" (4. Mose 13,31). Modern ausgedrückt würden wir diese Aussage vielleicht so formulieren: „Das Leben im Glauben, im Gehorsam und im Sieg ist recht und gut für Soundso, aber bei mir ist das ganz anders. Ich habe einen schwierigen Charakter, meine Verhältnisse sind verworren, meine Mitmenschen gehen mir auf die Nerven. Ich bin durch meine Vergangenheit zu stark geprägt und festgefahren. Meine Feinde sind in der Überzahl. Ich kann sie nicht überwinden."

Sie gingen den ersten Schritt auf dem Weg zum Sieg; den zweiten wagten sie jedoch nie. „Wir waren in unsern Augen wie Heuschrecken" (4. Mose 13,33), sagten sie. Sich wie eine Heuschrecke vorzukommen, sich dessen bewußt zu sein, daß wir „ohne ihn nichts tun können", ist ein notwendiger Abschnitt unseres Glaubenslebens. Aber dabei dürfen wir nicht stehenbleiben. In christlichen Kreisen werden unsere falsche Demut, unser mangelndes Selbstvertrauen, unsere Schüchternheit und Ängstlichkeit vielleicht als Tugenden angesehen. Die Leute halten uns für demütig und bescheiden, aber Gott sieht die Sache anders. Er bezeichnet solche Eigenschaften mit einem anderen Namen. „Wir sehen, daß sie nicht eingehen konnten wegen ihres Unglaubens", erklärt der Schreiber des Hebräerbriefes.

Wir sehen, daß Unglaube zur Depression führt — eine weitere Form der Sünde. Sie setzten sich nieder und weinten die ganze Nacht. Ihre Niedergeschlagenheit raubte ihnen den Glauben, die Hoffung und das klare Denkvermögen (4. Mose 14,1-4). So ist es heute noch. In solchen Zeiten stimmen wir leicht in das Klagelied der anderen ein und stellen uns die Frage: „Lohnt es sich wirklich, ein Christ zu sein? Ich bin es ja nicht allein, der leidet; ich mache mir Sorgen um meine Familie. Es ging uns allen viel besser, bevor wir Gott gehorchten. Dieser Dienst, zu dem mich der Herr rief, ist so hart und mühsam, daß ich am liebsten alles hinwerfen und fortlaufen möchte. Unter solchen Umständen ist es mir unmöglich, Sieg zu haben!“

Nur zwei einzelne Stimmen waren es, die das Volk zum Aufhorchen hätten bringen sollen: „Das Land ... ist ein sehr, sehr gutes Land!“ riefen Josua und Kaleb. „Seid nur nicht widerspenstig gegen den Herrn und fürchtet euch nicht vor dem Volk dieses Landes“ (4. Mose 14,7.9). Wenn uns lähmende Angst befällt, so daß wir unfähig sind, etwas zu unternehmen, ist das im Grunde Auflehnung gegen Gott. Gott sagt: „Geh, handle, sprich!“ Und wir sagen: „Ich kann nicht. Ich bin zu erschüttert oder zu schüchtern oder zu deprimiert.“ Einzelne Stimmen rufen uns zum Kampf, und wir wissen genau, daß das die Stimme Gottes ist. Aber die Pessimisten und unser eigenes furchtsames Herz versuchen, uns zurückzuhalten. „Bleibe, wo du bist“, sagen unsere Freunde. „Hier ist es sicher, und es wäre äußerst unklug und riskant, das zu tun!“

So ist es sowohl im natürlichen als auch im geistlichen Bereich, wenn es gilt, etwas zu wagen. Es gibt Zeiten in unserem Leben — ob in der Heimat oder auf dem Missionsfeld —, wo wir in Situationen kommen, denen wir uns nicht gewachsen fühlen. Es kann sein, daß wir zu einem unserer Mitmenschen kein klares Verhältnis haben. Gottes Geist mahnt uns unüberhörbar: „Steh auf, bring's in Ordnung! Demütige dich, bekenne deine Sünde! Wage es zu lieben, wiedergutzumachen und das Böse mit Gutem zu überwinden, koste es, was es wolle!“

Doch wir schmollen in unserer Ecke: „Ich kann ihm einfach nicht unter die Augen treten. Es wäre zu demütigend für mich. Er hat mich zu sehr verletzt. Außerdem würde ich wahrscheinlich doch nur mit Vorwürfen überhäuft. Und davor habe ich Angst. Es ist besser, die Dinge einfach laufen zu lassen.“ So bleiben wir sitzen, zerbrechen uns den Kopf und grübeln, anstatt aufzustehen und zu handeln. Dann brauchen wir uns nicht zu wundern, wenn uns tiefe Niedergeschlagenheit befällt und uns wie eine dunkle Wolke einhüllt, so daß wir das Licht — Gott — nicht mehr sehen. Wir fühlen uns elend, matt, allein mit unserer Not — wie ein verwundetes Tier.

Vielleicht haben wir versagt und in einer bestimmten Stituation falsch gehandelt. Der Weg zurück ist noch offen. Versuche es doch einmal! Bring die Sache in Ordnung!

Aber unser Selbstvertrauen wurde so stark erschüttert, daß wir völlig mutlos sind. Wir schämen uns und sind unfähig, aus unseren Fehlern zu lernen und einen neuen Versuch zu wagen. Statt dessen ziehen wir uns in unser Schneckenhaus zurück oder machen einfach im alten Trott weiter. So allerdings nützen wir niemandem etwas. Wir vergraben unsere Talente, so daß sich unsere Persönlichkeit nicht entfalten kann. Durch falsche Bescheidenheit leisten wir nicht mehr das, was wir eigentlich könnten. Bis zu einem gewissen Grad sind wir vielleicht noch brauchbar, aber keineswegs so, wie wir es nach Gottes Plan sein sollten.

Oder wir bekommen den Ruf zu einem

besonderen Dienst, der allerdings große Anforderungen stellen würde und gegen alle Vernunft zu sein scheint. Vielleicht sind wir bereits im mittleren Alter, haben uns häuslich eingerichtet und lieben die Bequemlichkeit. Wir sind geistig festgefahren und fürchten uns vor einer Veränderung unserer äußeren Umstände. Außerdem versuchen liebe Freunde, uns mit gutgemeinten Ratschlägen zurückzuhalten. „Das kannst du dir nicht zumuten, es wäre zuviel für dich! In deinem Alter kann man das nicht mehr von dir erwarten! Überlege doch, wohin das führt! Ich würde nicht im Traum daran denken, mich auf dieses Abenteuer einzulassen.“ Wir überlegen uns die Sache gründlich und kommen zu dem Schluß zu bleiben, wo wir sind. Und der Ruf Gottes verhallt. „Es wäre einfach zuviel für mich gewesen. Auch meiner Familie gegenüber wäre es nicht recht gewesen.“ Mit diesen Entschuldigungen suchen wir unser Gewissen zu beruhigen. Und alle Freunde und Bekannten billigen unseren Entschluß.

Wie anders aber sind Gottes Maßstäbe! Er sieht die Dinge völlig anders. „Wie lange wollen sie nicht an mich glauben?“ (4. Mose 14,11). Und wir? Könnte er uns nicht ähnliche Fragen stellen? „Habt ihr trotz der persönlichen Erfahrung meiner Gnade und Güte, trotz der Unterweisung, die ihr erhalten habt, trotz der Versammlungen und Gottesdienste, die ihr besucht, und der Lieder, die ihr gesungen habt, noch nicht gelernt, an mich zu glauben?“

„Sag ja zu Gottes Wegen, Gottes Wege sind immer gut ...“, schmettern wir fröhlich, wenn wir mit anderen Gläubigen in einem warmen, freundlichen Saal auf bequemen Stühlen sitzen. Aber was bedeuten uns diese Worte, wenn wir an der Grenze des verheißenen Landes stehen, allein mit Jesus?

Oder wir haben einfach die Hoffnung aufgegeben. Vielleicht hörten wir von Kindheit an von der Bedeutung der Heiligung. Wir wissen bestens Bescheid in der Lehre vom Sterben unseres Ich und vom Sieg über die Sünde. Möglicherweise kennen wir Römer 6 sogar auswendig und könnten die Verse des Mit-Christus-Gekreuzigtseins jederzeit hersagen. Doch in der Praxis hat es nie geklappt. Und jetzt, im vorgerückten Alter, sind wir zu der Überzeugung gelangt, daß es wohl nie klappen wird. Wir scheuen uns vor einem erneuten Versuch, weil er ja doch wieder scheitern würde. Spätestens nach ein oder zwei Tagen würden wir doch wieder fallen — wie es bisher immer der Fall war. Und — so fügen wir im Grund unseres Herzens hinzu — wie es auch in Zukunft sein wird. Schließlich haben wir uns damit abgefunden, unser Lebensende in der Wüste verbringen zu müssen. Doch den Gedanken an das, was hätte sein können, werden wir nie wieder los. Gott sei Dank, daß unser Herz immer ruhelos sein wird, bis es Ruhe findet in Gott.

Wir wollen einmal alle Regeln der Vernunft außer acht lassen und auf die einfachen Worte von Kaleb und Josua hören: „Lasset uns hinaufziehen! ... Wenn der Herr Lust zu uns hat, so wird er uns in dieses Land bringen und es uns geben ... mit uns aber ist der Herr“ (4. Mose 13,30; 14,8-9). Vielleicht können wir der Lehre nicht mehr glauben, aber wir können dem Herrn vertrauen. „Laßt uns sofort hinaufziehen!" sagte Kaleb. „Sitzt nicht untätig herum und malt euch in Gedanken die Niederlage aus, die morgen eintreten könnte, oder die Übermacht des Feindes, der ihr vielleicht übermorgen gegenübertreten müßt, oder die Enttäuschungen, die in einer Woche auf euch zukommen könnten! Steht sofort auf, zieht eure Rüstung an und macht euch fertig, um mit Gott den Berg zu bezwingen. Tut einfach den nächstliegenden Schritt im Gehorsam — mit Jesus —, und wenn ihr ihn getan habt, wagt den nächsten und vertraut weiter auf den Herrn." Es ist nicht Gottes Art, uns den zweiten Schritt zu zeigen, solange wir nicht den ersten getan haben. Wir versagen oft, weil wir gern voraussehen möchten, statt dem Herrn zu folgen.

Der nächste Schritt ist immer einfach, weil Jesus allezeit bei uns ist. Sein Sieg wird immer in der augenblicklichen Situation erfahren, aber niemals in unseren Vorstellungen über die Zukunft. Der Teufel wird sein Möglichstes tun, um uns im Blick auf die Zukunft mit Angst zu erfüllen — vorausgesetzt, wir sind so töricht, uns von ihm ins Bockshorn jagen zu lassen. Immer in dem Augenblick, wo wir gehorchen, werden wir die Gnade und Kraft Gottes erfahren, nicht vorher. „Wir können unser Leben nicht auf weite Sicht überblicken", schrieb ein alter Gottesmann. „Jeder Augenblick stellt uns vor Aufgaben, Entscheidungen und Probleme. Unsere Sache ist es, einen Augenblick nach dem andern zu nehmen — aber diesen Augenblick für Gott zu durchleben. Befasse dich nicht mit einem ganzen Leben in der Heiligung, sondern sorge dafür, daß du jetzt, in diesem Augenblick, heilig bist. Er geht sehr schnell vorüber."

Ein bekannter Evangelist fuhr einmal über den Atlantik und wurde gebeten, Bibelstunden für die Passagiere zu halten. In einer hellen Mondnacht hielt er sich an Deck auf und wurde von einer Dame angesprochen, die im Liegestuhl lag. „Dr. S.", sagte sie, „ich kann Ihren Aussagen nicht zustimmen. Das geheiligte Leben, von dem Sie heute nachmittag gesprochen haben, ist doch sicher nur für einige Auserwählte, nicht aber für ganz gewöhnliche Christen."

Der Evangelist ließ sich unweit von ihr nieder. Statt auf ihre Frage einzugehen, bemerkte er nur: „Welch wunderschöne Mondnacht!"

„Ja", antwortete sie, ziemlich enttäuscht über den plötzlichen Themawechsel.

„Sehen Sie diesen Streifen des Mondlichts auf dem Meer", sagte der Mann. „Er kommt direkt auf mich zu."

„Das stimmt nicht", lächelte die Dame, „er scheint auf mich zuzukommen!"

„Er kommt auf mich zu, auf Sie und auf jeden, der zum Mond aufschaut", antwortete der Evangelist. „Und als Jesus auf dieser Erde wandelte, hinterließ er einen Strahl seiner Heiligkeit, auf dem wir ihm folgen sollen. Dieser helle Lichtstrahl ist nicht nur für einige Auserwählte. Er leuchtet jedem, der als reuiger Sünder zu Jesus kommt und im Glauben zu ihm aufschaut."

Und so ist es. Das Wasser links und rechts von diesem Lichtstrahl mag noch so schwarz und drohend scheinen, die helle Spur führt geradewegs zu Jesus hin. Schwierigkeiten, Ausweglosigkeiten, Enttäuschungen — all das sind Nebenerscheinungen

Für die Israeliten bedeuteten die Stationen ihrer Wanderung — Mara, Raphidim, Sinai — bitteres Wasser, Wüste, Trockenheit und Durst. Gott aber bezeichnete den Sinn dieser Reise mit anderen Worten: „Ich habe euch zu mir gebracht", sagte er (2. Mose 19,4). Jesus selbst ist Ende und Ziel jedes Schrittes, den wir zaghaft, aber im Glauben und im Gehorsam gehen.

„Wohin soll das führen?" fragen wir verzweifelt; und die Antwort lautet: „Zu Jesus."

Die Kinder Israel konnten nicht glauben, daß Gott sie durchtragen würde. Später bereuten sie ihren Unglauben, aber dann war es zu spät. Die Gelegenheit zum Handeln war unwiderruflich vorbei. Ihr Unglaube wurde ihnen zwar vergeben, aber das Leben war nicht mehr das, was es hätte sein können.

Doch Gott sei Dank, das Ziel unserer Pilgerschaft ist kein irdisches Land. Wir mögen eine günstige Gelegenheit verpassen, so daß wir uns lebenslang Vorwürfe machen. Doch der Ruf, das uns von Gott verheißene Land der Ruhe einzunehmen, gilt, solange wir leben. Manchmal finden wir nur durch die Wüste und das Labyrinth unserer verpaßten Gelegenheiten und der Verzweiflung über uns selbst den Weg zum wahren Glauben — dem Glauben, der uns anspornt, aufzustehen, auf das Gebirge zu steigen und das Land einzunehmen.

4

STOLZ - DIE SÜNDE DER LEVITEN

Der erste Teil des 4. Buches Mose stellt die Leviten in den Mittelpunkt. In den weiteren Kapiteln wird das Thema ihrer Berufung und Stellung mehrmals wiederholt. 1. Chronika 23,24-32 berichtet, daß sie den Dienst am Haus Gottes zu verrichten und der Söhne Aarons zu warten hatten. Das war keine Spitzenstellung, und es bestand auch keine Aussicht auf Beförderung. Ihre Arbeit setzte sich aus vielen kleinen Handlangerdiensten für die Priesterschaft zusammen, und zu bestimmten Zeiten waren sie zu Lobpreis, Opfer und Gebet aufgerufen.

Aus 4. Mose 1,48-49 erfahren wir, daß sie nicht für den Kriegsdienst gemustert wurden. Wegen ihres besonderen Dienstes am Haus Gottes waren die Leviten von den gewöhnlichen Alltagspflichten der Männer des Volkes befreit. Sie waren - wie man so sagt - „hauptberuflich" im Dienst für Gott, und in 4. Mose 1,50 und 4. Mose 4,15 finden wir einen bedeutsamen Hinweis darauf, worin dieser Dienst eigentlich bestand: „Sie sollen tragen." Ein bestimmter Teil der Leviten hatte tatsächlich schwerere Lasten zu tragen als die anderen. Den Leviten wurden Wagen gegeben, „aber den Kindern Kahat gab er nichts, weil sie den Dienst des Heiligtums auf sich hatten und auf ihren Schultern tragen mußten" (4. Mose 7,9). Ihnen war die ungeheure Verantwortung auferlegt worden, die Stiftshütte zu tragen, obwohl sie eigentlich nie sahen, was sie trugen. Nur die Priester waren gewürdigt, die kostbare Bundeslade anzufassen und einzupacken. Nur sie sahen die Blutflecken. Den Söhnen Kahats blieb der mühsame Marsch mit schmerzenden Schultern durch den trockenen, heißen Wüstensand vorbehalten, während sich die anderen auf ihren Wagen und Tieren entspannen konnten. Da war nichts von Glanz und Glorie, nur Mühsal und Beschwerden. Alle anderen hatten es leichter als sie.

In 4. Mose 3,45-51 werden die Leviten zwar gezählt, aber nicht für den Krieg, sondern jeder sollte die Lösung eines Israeliten vor Gott darstellen. Sie waren Gott gegenüber verantwortlich für das geistliche Leben eines anderen. Im Blick auf diese hohe Verantwortung sagte Gott: „Die Leviten seien mein" (4. Mose 3,45), „geheiligt" (4. Mose 3,17), „ausgesondert" (4. Mose 8,14), „mir zum Geschenk übergeben" (4. Mose 8,16).

Schließlich hatten sie auch kein Erbteil (4. Mose 18,20). Sie konnten sich nie irgendwo niederlassen. Alle anderen Israeliten hatten eine eigene Bleibe, die Leviten jedoch waren dazu verurteilt, in geistlicher Hinsicht Fremde und Pilger zu bleiben. Der Herr war ihr Erbteil, und damit hatten sie sich zufriedenzugeben. Der Zweck ihres Lebens war, ihm ein ständiges Lob darzubringen.

Anderen dienen zu müssen, die eine höhere Position bekleideten als sie selbst, die tägliche Routinearbeit in der Stiftshütte ohne jede Anerkennung, die pünktliche Einhaltung der Gebetszeiten auch während der Nacht, wenn alle anderen schliefen und niemand sie beobachtete außer Gott, schwerer zu arbeiten und mit weniger Schlaf auszukommen als die anderen und obendrein euf materielle Sicherheit durch persönlichen Besitz verzichten zu müssen - lediglich in dem Bewußtsein der besonderen Ehre und Herrlichkeit ihrer Berufung und aus Liebe zu Gott -, hätten die Leviten wahrlich allen Grund gehabt, unzufrieden zu sein. In materieller Hinsicht waren sie auf jeden Fall ärmer und bedauernswerter als alle anderen. Ihre hohe Berufung bestand eigentlich nur darin, entbehren zu müssen, was andere hatten.

Doch einige der Söhne Kahats gerieten in schlechte Gesellschaft (4. Mose 16,1-2) und hörten auf Äußerungen der Kritik und der Unzufriedenheit. Dadurch wurde ihr Stolz geweckt. Böse Gedanken stiegen in ihnen auf. „Dieser oder jener ist in keiner Weise für sein Amt qualifiziert. Warum hat man ihn für diese Aufgabe gewählt und nicht mich? Warum soll ich vor ihm kriechen? Weshalb sollte ich tun, was er sagt? Ich habe die gleichen Fähigkeiten wie er. Soll ich mein ganzes Leben lang in diesem alten Trott weitermachen? Ich will eine höhere, angesehenere Stellung! Kurz gesagt: Gott machte mich zwar zu einem Leviten, aber ich möchte lieber ein Priester sein. Er sonderte mich aus und bestimmte mich für diesen besonderen Dienst, aber das alles ist mir zu wenig. Ich möchte etwas tun, das in geistlicher Hinsicht von größerer Bedeutung ist."

„Geistlich bedeutsam“ - diese Worte stehen im Widerspruch zueinander. Wir können auf sozialem Gebiet, auf dem Gebiet von Wissenschaft und Technik durch harte, ehrliche Arbeit, durch eiserne Energie und Fleiß oder durch Wagemut eine wichtige Rolle spielen, aber in geistlicher Hinsicht können wir nur an Bedeutung gewinnen, je unbedeutsamer wir werden. Korah war - geistlich gesehen - in seinem ganzen Leben nicht so bedeutungslos wie an dem Tag, als er vor Mose hintrat und sagte: „Ich bin genauso gut wie Aaron und möchte eine geistlich bedeutsamere Tätigkeit ausüben.“ In diesem Augenblick war er für Gott völlig bedeutungslos geworden. Weil er auf dummes, weltliches Geschwätz gehört hatte, war er auf den törichten Gedanken verfallen, wenn er das Gewand eines Priesters tragen und von einem erhöhten Platz aus das Volk segnen könnte, würde er in Gottes Augen größer und bedeutungsvoller. Er hatte den wahren Wert und die Grundlage allen Dienstes völlig aus den Augen verloren. An geistlichen Maßstäben gemessen bedeutet ein Mensch nur das, was er ist, und nicht, was er tut, sagt oder trägt, und noch viel weniger das, was andere über ihn sagen oder denken.

Geistlicher Hochmut trübt unser geistliches Verständnis und unsere geistliche Einsicht. Mose wandte sich um und sprach nur zu Korah, dem Mann, der Gott gekannt hatte. Seine Worte galten nicht den Söhnen Rubens. „Ist es euch zu wenig, daß euch der Gott Israels von der Gemeinde Israels ausgesondert hat, daß ihr euch zu ihm nahen sollt, daß ihr den Dienst an der Wohnung des Herrn versehet und vor der Gemeinde stehet, ihr zu dienen?" (4. Mose 16,9). Mit anderen Worten: „Seid ihr durch euren Hochmut so verblendet, daß ihr kein Auge mehr für die erstaunlichen Gelegenheiten habt, die sich euch jetzt bieten? Ihr verlangt danach, mehr im Rampenlicht zu stehen und habt dadurch den Dienst, den Gott euch auftrug, vernachlässigt. Ist euch gar nicht bewußt, daß es eure Pflicht, aber auch euer Vorrecht ist, heute Gott zu dienen, und zwar an dem Platz, an den er euch hingestellt hat?"

In der täglichen Pflichterfüllung, im Alltag, erfahren wir die Gnade und Füsorge Gottes ebenso wie die geistliche Ausrüstung, die wir brauchen. Heute habe ich die Gelegenheit, Gott zu erfahren, ihm zu dienen und ihm näherzukommen. Ist das wenig? Gerade für die vorliegende Aufgabe — und nicht für eine andere oder spätere — will er mich mit dem Heiligen Geist erfüllen. Gerade in unserem Alltagseinerlei, bei der Verrichtung völlig unbedeutender Arbeiten, im Umgang mit denselben langweiligen Leuten hat er Segen verheißen. Achte diese Umstände nicht für gering, denn sie sind das Mittel, durch das sich Gott dir mitteilen möchte. Wenn du nicht felsenfest davon überzeugt bist, daß es des Herrn Wille ist, deinen Platz zu wechseln, bleibe, wo du bist.

Geistlicher Stolz machte Korah auch für Gottes Vorschriften blind. Er muß wirklich gedacht haben, Gott würde sein Räucherwerk, das er voll Stolz, Ärger und Selbstgerechtigkeit opferte, annehmen.

Sonst hätte er es nicht darzubringen gewagt. Selbst Datan und Abiram hatten mehr Feingefühl! Welche Gedankenakrobatik er ausführte, um sich zu rechtfertigen, wissen wir nicht. Sein Verstand und seine Selbsterkenntnis waren durch seinen Stolz verfinstert. Wenn wir unser Leben nicht ständig prüfen, finden wir für fast alles eine faule Ausrede oder Rechtfertigung.

„Siehe, ob ich auf bösem Wege bin", betete David, denn ohne von Gott erleuchtet zu sein, konnte er sich nicht immer selbst erkennen.

Was für ein furchtbarer Augenblick muß das für Korah gewesen sein, als sich plötzlich Gottes Herrlichkeit offenbarte — diesmal nicht in Barmherzigkeit, sondern in Gericht, und er sich im Licht der göttlichen Herrlichkeit erkannte. Diese Herrlichkeit war zwar die ganze Zeit über dagewesen; es war die gleiche Herrlichkeit, in deren Licht Korah täglich wandeln sollte; die Herrlichkeit, die seine tägliche Mühsal verwandeln, seine Last erleichtern und ihn zum glücklichsten Menschen der Welt hätte machen können. Aber das Licht, das uns leiten, ermuntern und unsere Herzen erwärmen soll, wird, wenn man es ablehnt, zum Licht des Gerichts. Wir können nicht entfliehen, weder auf dem einen noch auf dem anderen Weg. Die Herrlichkeit Gottes wird nie verblassen.

So verschlang sie die Erde, weil Dienst, der aus geistlichem Hochmut heraus geschieht, weder von Gott noch von Menschen akzeptiert werden kann. Der Himmel lehnt ihn ab, und die Erde weist ihn zurück. Die ganze Familie von Daten und Abiram wurde vertilgt, aber von den Söhnen Korahs lesen wir, daß sie nicht starben. Gott richtet und läutert seine Auserwählten, aber er vernichtet sie nicht. Gereinigt von ihrem Hochmut und neu beauftragt (4. Mose 18,2), zufrieden mit den Grenzen, die ihnen Gott gesteckt hatte (4. Mose 18,3) und im Bewußtsein ihres Erbteils sangen sie später die schönsten Lieder.

Kein Lied ist so ergreifend wie das eines Menschen, der vom Tod errettet wurde. Das Thema ihrer Lieder war zweifellos folgendes: „Der Herr ist mein Erb- und Becherteil; du sicherst mir mein Los! Die Meßschnur ist mir in einer lieblichen Gegend gefallen, ja, es ward mir ein glänzendes Erbe zuteil" (Psalm 16,5-6).

„Wohl denen, die in deinem Haus wohnen, die werden dich noch preisen! ... Ich will lieber an der Schwelle stehen in meines Gottes Haus, als wohnen in der Gottlosen Hütten! ... Wer in Unschuld wandelt, dem versagt er nichts Gutes" (Psalm 84.5.11-12).

5

MUTLOSIGKEIT — DIE SÜNDE DES FÜHRERS

Heutzutage hätte jedermann vollstes Verständnis dafür, wenn Mose einen Nervenzusammenbruch bekommen hätte. Sein ganzes Unternehmen schien zum Scheitern verurteilt. Ohne jede Hilfe, total überarbeitet, befand er sich in einer Situation, die er sich nicht selbst ausgesucht hatte, frustriert bei jedem Schritt, von vielen bekämpft, kritisiert, mißverstanden und verachtet — und das ausgerechnet von den Menschen, für die er sich aufopferte. Körperlich war er zweifellos durch das Klima und das ständige Umherwandern erschöpft. Und nun trat ein neues Problem auf: Das Volk war unzufrieden und murrte über die Nahrungsmittelversorgung. Auch das noch!

Mose litt schwer an körperlicher und seelischer Erschöpfung, seine Nerven waren oft zum Zerreißen gespannt. Wenn er heute lebte, hätte man ihm geraten, einen Psychiater aufzusuchen, sich ein Stärkungsmittel verschreiben zu lassen, eine bestimmte Diät einzuhalten, die Arbeit drastisch einzuschränken oder gar aufzugeben und in einer anderen Umgebung einmal richtig auszuspannen. Tapetenwechsel! Abstand von allem und jedem! Aber keine dieser Verordnungen war in der Wüste Sinai durchführbar. So mußte sich Mose entweder mit seinem Zustand abfinden und die Dinge einfach laufen lassen oder eine andere Lösung suchen. Wie wunderbar, daß Mose gerade dort in der Wüste, unter all den Belastungen und ohne Aussicht auf irgendeine Änderung der Umstände doch seelische und geistliche Heilung fand.

Leider sind die Einzelheiten seiner erfolgreichen Behandlung nicht berichtet, außer daß durch eine Reorganisation des Lagers praktische Hilfe in der Arbeitsverteilung geschaffen wurde. Doch das allein hätte nicht genügt, um der geistlichen Anspannung und der seelischen Belastung abzuhelfen. Der Mann, der schrie: „Ich kann dieses Volk nicht allein tragen; denn es ist mir zu schwer" (4. Mose 11,14), mußte auch noch die unvernünftige Eifersucht seines eigenen Bruders und seiner Schwester ertragen, die Sorge um Mirjams Krankheit als Folge ihrer Sünde, den niederschmetternden Bericht der zehn Kundschafter, die Reaktion des Volkes, die Überstimmung Josuas und Kalebs und schließlich Aufruhr und drohende Steinigung.

In 4. Mose 14 steht der Mann, der — wie in 4. Mose 11,11-15 berichtet — zusammengebrochen war, wieder vor Gott. Diesmal unter weit größerem Druck und schwererer Versuchung, ein Mann, dessen ganzes Lebenswerk,wie ein Kartenhaus zusammengefallen schien. Und doch — diesmal brach Mose nicht zusammen.

Drei große Versuchungen waren auf ihn zugekommen, als er auf die Stimme Gottes hörte. Es war, als ob ihn Gott selbst im Feuer prüfen wollte, und das zu einer Zeit, da er — menschlich gesprochen —

berechtigte Entschuldigungen für ein Versagen hätte vorbringen können.

Die erste war einfach eine Versuchung für seinen müden Körper: alles aufgeben. Gott legte ihm die Frage vor: „Wie lange lästert mich dieses Volk? Ich will sie mit Pestilenz schlagen und ausrotten ...“ Hätte das nicht die Lösung aller Probleme bedeutet? Das Ende aller Müdigkeit und Nervenanspannung? Wie einfach wäre es jetzt gewesen zu sagen: „Wirf alles hin! Gib die Verantwortung endgültig ab. Jetzt ist die beste Gelegenheit dazu! Gott hat dir diesen Ausweg geboten. Erst hast du noch gesagt: 'Ich kann dieses ganze Volk nicht allein tragen', und jetzt brauchst du es nicht mehr. Geh allein in das verheißene Land; dort darfst du ausruhen und Milch und Honig genießen!“ Aber irgendwie, ohne daß wir Näheres darüber erfahren, hatte Mose seine Einstellung geändert. Er überwand die Versuchung, weil er Gottes Macht erfahren hatte. Statt zu schreien: „Habe ich denn dieses ganze Volk empfangen ... daß du zu mir sagst: Trag es an deinem Busen“, hat er gelernt, die Last auf Gott, den Vater, zu werfen, „*Du* hast doch dieses Volk durch deine Kraft aus der Mitte der Ägypter geführt, und du gehst vor ihnen her!“ (4. Mose 14,13-14).

Alle, die im Reich Gottes Verantwortung tragen, müssen bis zu einem gewissen Grad die Lasten tragen, die auch Jesus Christus getragen hat. Aber es ist seine Last, die er mit uns teilt, nicht unsere, die wir mit ihm teilen. Es ist wie beim Heiligen Christopherus, vom dem die Legende erzählt, er habe das

Jesuskind über den Fluß tragen wollen. Es gibt Zeiten, in denen wir meinen, wir würden versinken. Aber die Kraft, die der Heilige zum Weitergehen brauchte, floß ihm gerade aus der Last zu, die er zu tragen hatte.

Ein kleines Kind trug mit größter Mühe einen Korb mit Lebensmitteln, der viel zu schwer für das zarte Geschöpf war. Alle Angebote seiner Mutter, ihm zu helfen, waren entschieden abgelehnt worden. Schließlich schmerzte sein kleiner Arm so sehr, daß es nicht mehr konnte. Plötzlich dämmerte ihm der Ausweg aus der Not. „Mutti", sagte es, „ich weiß, was wir tun: Ich trage den Korb, und du trägst mich!"

Früher hatte Mose auf die Forderungen geschaut, die an ihn gestellt wurden. Jetzt schaute er auf die Quelle, aus der ihm Hilfe und Kraft zufloß. Bisher hatte er auf das Gewicht der Last geschaut, jetzt rechnete er mit der Kraft der ewigen Arme Gottes. Er klagte nicht mehr: „Die Last ist mir zu schwer!" Jetzt rief er: „Um deiner Herrlichkeit willen wollen wir weitergehen und die Last gemeinsam tragen."

Die zweite Versuchung wäre für einen Mann, der nicht vom Format eines Mose war, zu diesem Zeitpunkt ziemlich stark gewesen. „Laß doch Gott machen, wie er gesagt hat. Er soll ruhig eine Pestilenz schicken; dann bist du aus dem Schlamassel heraus, ohne einen Finger rühren zu müssen. Gott soll ihnen ihre Drohungen und ihren Ungehorsam, ihren Haß und ihre Undankbarkeit heimzahlen. Wie sie noch vor kurzem ihre Hände aufhoben, dich zu steinigen, so laß jetzt Gott seine Hand ausstrecken und das Unrecht, das sie dir angetan haben, rächen!“

Aber Mose war anscheinend völlig frei von jedem Rachegefühl. Wie froh wäre er vor einiger Zeit noch gewesen, hätte er die Last abwerfen können. Jetzt aber hatte er gelernt, Gottes Wesen und Gedanken nicht nur zu verstehen, sondern sich anzueignen. Sein Wunsch und Gebet war, Gott ähnlich zu werden, und deshalb konnte er seine Gesinnung teilen. „Der Herr ist geduldig und von großer Barmherzigkeit; er vergibt Missetat und Übertretungen ... So sei nun gnädig der Missetat dieses Volkes nach deiner großen Barmherzigkeit, wie du auch diesem Volk aus Ägypten bisher vergeben hast!“ (4. Mose 14,18-19).

Paulus betete, daß die Epheser fähig würden, das Ausmaß der Liebe Gottes zu begreifen — und das kann wahrscheinlich nur dadurch geschehen, daß man Jesus Christus und seine unergründliche Liebe betrachtet. Sie übersteigt wahrlich unser Vorstellungsvermögen, aber vereint mit Christus werden wir vorwärtsgetragen — wie ein träger, kleiner Wassertropfen, der, wenn er in einen reißenden Bach fällt, sich mit dem Wasser des Baches vereinigt und schließlich ins Meer getragen wird.

Die dritte Versuchung bezog sich auf Mose ganz persönlich. „Ich will dich zu einem größeren und mächtigeren Volk machen, als dieses ist!“ (4. Mose 14,12). Mit anderen Worten: „Nimm die Ehre für dich selbst und das Land für deine eigenen Kinder!“

Ruhe, Bequemlichkeit, Ansehen und irdische

Herrlichkeit lagen vor ihm wie zu den Füßen Jesu, als er auf dem hohen Berg stand und die Reiche dieser Welt vor sich ausgebreitet sah. Größe und Herrlichkeit des irdischen Lebens waren zum Greifen nahe, aber Mose hatte die Herrlichkeit Gottes erlebt. Und daneben verblaßte alles andere.

„So werden es die Ägypter hören ... so würden die Heiden sagen ... Der Herr konnte dieses Volk nicht in das Land bringen, das er ihnen geschworen hatte." Gottes Ehre und Macht standen auf dem Spiel; deshalb verwandte Mose keinen einzigen Gedanken auf eigene Ehre und persönlichen Vorteil.

„Der heilige Geist war noch nicht da, weil Jesus noch nicht verherrlicht war" (Johannes 7,39). Die situationsgebundene Bedeutung dieser Worte ist offensichtlich, aber vielleicht dürfen wir sie auch für uns persönlich anwenden. Wenn wir uns nach der Fülle des Heiligen Geistes sehnen, nach einer tieferen Erkenntnis Gottes, Vollmacht zum Dienst für ihn — was sind die eigentlichen Motive unseres Verlangens? Was suchen wir in Wirklichkeit? Wollen wir in unserem Leben als Christen mehr Erfolg haben, um mehr Achtung und Anerkennung seitens der Gläubigen zu erhalten? Oder ist es unser Wunsch, daß Jesus — und nur er — verherrlicht werde? Gott wird uns seine Kraft nur aus diesem einen Grund zuteil werden lassen: zu seiner eigenen Verherrlichung. „Macht ist eine gefährliche Waffe, und unser Gott ist ein eifersüchtiger Gott", sagte jemand. „Er wird sie nur demjenigen geben, der völlig geheiligt ist."

Viele von uns sind sich wahrscheinlich schmerzlich bewußt, daß ihre Motive nicht rein sind. Mose dagegen war aufrichtig, und in seinem Verlangen, daß Gott verherrlicht werde, war alles Trachten nach eigener Ehre erstickt worden. „Nichts für mich, alles für dich." Diese Bitte muß und wird Gott erfüllen. Es ist das wahre Gebet in seinem Namen und nach seinem Willen, dem nichts versagt werden wird. Klar und deutlich kommt die Antwort Gottes in 4. Mose 14,20-23: „Ich habe vergeben, wie du gesagt hast. Aber so wahr ich lebe und die Herrlichkeit des Herrn die ganze Erde füllen soll: keiner der Männer, die meine Herrlichkeit und meine Zeichen gesehen haben . . . soll das Land sehen."

Wenn es uns wirklich darum geht, daß anderen vergeben und Gott verherrlicht wird, dürfen wir der Erhörung gewiß sein, was immer auch an Opfer oder Selbstverleugnung der Erhörung vorausgehen mag. Es besteht kein Grund zur Furcht vor Enttäuschung oder einem Nervenzusammenbruch, denn wir erbitten ja nichts zu unserem eigenen Vorteil. Und wenn wir bitten und nichts für uns erwarten, werden wir nicht enttäuscht werden.

Ein alter Mönch drückte es einmal so aus: „Gib mir, o Herr, für Gott ein brennendes Herz, für andere ein Herz voller Liebe, für mich selbst ein Herz so hart wie Stahl."

Nein! Mose brauchte nicht zusammenzubrechen. Die Abhilfe war zur Hand: Gottes Macht. Ihm konnte er alle seine Gefühle der Unsicherheit und Unzulänglichkeit bekennen und bei ihm Hilfe finden. Dann Gottes Wesen: seine Langmut, Sanftmut, Barmherzigkeit und Liebe, womit er sich selbst mit einer Rüstung kleiden konnte, um gegen Eifersucht, Zorn, Groll und Rachegefühle geschützt zu sein; und schließlich die Ehre Gottes, das einzige Motiv, das ihn zum Weitergehen veranlaßte und ihn zu einer Persönlichkeit machte, die nur ein Ziel im Auge hatte: Gott noch mehr zu verherrlichen.

Die Abhilfe, das Heilmittel war ihm in der Wüste Sinai so nahe wie uns heute auf dem Missionsfeld inmitten all unserer Enttäuschungen, Spannungen und Entbehrungen oder im Streß und Konkurrenzkampf des modernen Geschäftslebens, in unseren Problemen und der Angst vor der Zukunft. Laßt uns dieses Heilmittel zuerst ausprobieren. Vielleicht können wir dann auf die anderen Heilmittel, die sonst verordnet werden, verzichten. Staut dessen können wir dann wahrscheinlich dieses Siegeslied anstimmen: „Denn du hast meine Seele vom Tode errettet, mein Auge von den Tränen, meinen Fuß vom Fall. Ich werde wandeln vor dem Herrn im Lande der Lebendigen" (Psalm 116,8-9).

„Meine Seele, du hast deinen Gott erprobt
und fürchtest dich noch?
Schau ihn an, der dein Licht und dein Schutz ist,
dein Meister, dein Freund und Geliebter,
deine Stütze, wenn alles zerbricht,
dein Lied inmitten von tausend Gefahren."

6

UNGEDULD — DIE SÜNDE DER FÜHRER

„Warum habt ihr uns doch aus Ägypten an diesen bösen Ort geführt?“ schrie das Volk (4. Mose 20,5). Dieser „böse Ort“ war Kades, nördlich der Wüste, in der Nähe der Grenze zum verheißenen Land. Das Volk sprach tatsächlich eine ewige Wahrheit aus: Es gibt keinen Ort, der so öde und trostlos wäre wie das Grenzgebiet in der Nähe des verheißenen Landes. Wir sind bis hierher gekommen, wir haben so viel geopfert, wir waren so voller Hoffnung, wir haben die Frucht des Landes gesehen und mit denen gesprochen, die die Grenze überschritten haben, aber wir sind nicht hineingegangen. Weltmenschen, die von Ägypten ausgezogen oder bereits nach den ersten Schritten wieder umgekehrt sind, stellen keine weiteren Ansprüche. Sie haben nichts anderes kennengelernt und sind mit dem, was sie haben, zufrieden. Fleisch und Brot aus Ägypten ist alles, wonach sie verlangt. Aber die Seele an der Grenze irrt ruhelos umher und kann nirgends Frieden finden.

Mit solchen Leuten mußte sich Mose abgeben. Es war nicht seine Schuld, daß sie so unzufrieden und unglücklich waren. Er hatte sein Bestes getan, sie unter Gottes Führung ins verheißene Land zu bringen. Sie aber hatten sich aufgelehnt. Mose blieb nichts anderes übrig, als sich Tag für Tag mit ihnen und ihrem ungeistlichen Verhalten abzuquälen.

Dazu erhob sich jetzt eine Flut von Unglauben, Murren und Anschuldigungen ihren Führern gegenüber, die sie für diese Umstände verantwortlich machten. Waren sie eigentlich Gottes Volk oder nicht?

Von der Antwort auf diese Frage hängt sehr viel ab. In jeder von Gott ins Leben gerufenen Bewegung gibt es „Anhänger" oder „Mitläufer", die nur um äußerer Vorteile willen dabei sind. Jeder Neubau bringt eine Menge Abfall und Schmutz mit sich, denn „wo gehobelt wird, da fallen Späne". Es ist immer Unkraut unter dem Weizen. Doch Jesu Anweisung an die Schnitter lautete: „Lasset beides [Unkraut und Weizen] miteinander wachsen bis zur Ernte." Holz, Heu und Stroh werden vor dem Richterstuhl Christi mit Feuer verbrannt werden. Doch in der Zwischenzeit scheint es, als müßten diese Leute eine bestimmte Rolle zur Vollendung der Gemeinschaft spielen.

Es gab Zeiten während der Wüstenwanderung, da streckte Gott seine Hand aus und fegte den Abfall mit einer Handbewegung zur Seite. Das geschah durch Angriffe von außen, durch Erdbeben, Seuchen oder feurige Schlangen. Eine solche Aufgabe übertrug er jedoch niemals Mose; er übernahm sie immer selbst. Was Mose betraf, so war dieser mißmutige, unzufriedene Haufe das Volk Gottes, seine Gemeinde, und damit seiner Fürsorge anbefohlen. Es war dieses Volk, das Gott mit Manna speiste und mit Wasser aus dem Felsen erquickte. Viele von ihnen würden bald ihre brechenden Augen auf die eherne Schlange richten und neues Leben finden, so daß sie ihre Reise voll Freude und Dankbarkeit fortsetzen würden. Ja, Gott nannte sie immer noch sein Volk und war bereit, ihnen zu vergeben und sie weiterzuführen. Mose gab zu schnell auf.

Wieder einmal war zu einem kritischen Zeitpunkt die Herrlichkeit des Herrn erschienen. Staunend hatte er einen Augenblick das Wesen Gottes erkannt — seine Geduld, Freundlichkeit und große Barmherzigkeit. Wir, die wir die Herrlichkeit Gottes im Angesicht Jesu Christi angeschaut haben, haben keine Entschuldigung, wenn wir ihn den Menschen in einem falschen Licht darstellen. Ebenso hatte Mose das Vorbild gesehen und sollte nun Gottes Wesen zum Ausdruck bringen. Er sollte das durstige Volk versammeln, sie zum nahegelegenen Felsen führen, zu ihm sprechen, und dann würde das Wasser hervorsprudeln.

Jahre zuvor, am Horeb, hatte Mose zu Beginn der Reise einen Felsen geschlagen, doch Christus, für den der Felsen ein Bild ist (1. Korinther 10,4), starb nur einmal und wird nicht ein zweites Mal geschlagen. Der geschlagene Fels wurde Zufluchtsort, ein Schatten in der heißen Wüste, eine Zuflucht vor dem Sturm. Jesus Christus, der auferstandene und erhöhte Herr, stillt alle unsere Bedürfnisse; er ist unser Bergungsort. Genau zu diesem geschlagenen Felsen sollte Mose das Volk führen, das ihm soviel Not machte und immer wieder versagte. Dann sollte er in geduldigem Glauben, voll Hoffnung und Liebe immer wieder dorthin zurückkehren und lebendiges Wasser für sich und das Volk schöpfen — Wasser, das sie erfrischen und zum Weitergehen stärken würde. Die Vollmacht, die Mose erteilt worden war, lag in den Worten: „Redet mit dem Felsen“ (4. Mose 20,8).

Wie war es möglich, daß Mose hier versagte? Beachte seine Worte: „Höret doch, ihr Widerspenstigen ...“ Er hatte die Hoffnung aufgegeben. Für ihn war dieser Haufe nicht mehr das Volk Gottes, erlöst durch das Blut des Lammes und darum unendlich kostbar. Er sah sie jetzt einfach mit menschlichen Augen, als eine Horde von Rebellen. Er hatte den Preis ihrer Erlösung vergessen und betrachtete sie deshalb als wertlos und hoffnungslos.

Wir können unseren Bruder immer von zwei Gesichtspunkten aus sehen: entweder als „den schwachen Bruder“ oder als „den Bruder, für den Christus starb“. Mein schwacher Bruder mag in meinen Augen ein hoffnungsloser Fall sein und nicht wert, daß man sich um ihn kümmert; aber ob es mir paßt oder nicht, der Bruder, für den Christus starb, wird bewahrt und für die Ewigkeit vollendet. Wenn ich ihn aufgebe, entferne ich mich selbst von meinem und seinem Erlöser.

Auf meinem Regal steht ein schmutziger kleiner Tonleuchter. Er ist ziemlich unansehnlich, hat aber eine sehr schöne Form. Er wurde in den Ruinen von Tyrus ausgegraben. Vor Jahren stand ich an diesem historischen Ort, wo die Fischer ihre Netze ausbreiteten wie zu alten Zeiten. Dort reichte mir jemand diesen Tonleuchter. Eifrige Putzfrauen wollten ihn schon wegwerfen; Kinder stürzen sich meist darauf, um damit zu spielen. Wenn ein Antiquitätenhändler käme, würde er mir wahrscheinlich eine ansehnliche Summe dafür bieten. Aber ich werde dieses Leuchterchen niemals verkaufen. Für mich ist es ein kostbarer Schatz, den ich eifrig hüte, weil sein Erwerb für mich ein besonderes Erlebnis bedeutete. Das Kind und die Putzfrau mögen recht haben, wenn sie meinen, es lohne sich nicht, dieses Ding aufzubewahren. Aber ich sehe dahinter die Hand eines Künstlers, der vielleicht bei Propheten und Patriarchen gesessen hat. Darum ist er für mich ein unbezahlbarer Schatz — eine Verbindung zu früheren Jahrhunderten. So kann man immer alles mit verschiedenen Augen sehen — die sichtbaren Dinge, die zeitlich sind, und die unsichtbaren, die ewig sind.

„Aus diesem Felsen sollen wir euch Wasser verschaffen?“ fuhr Mose fort. Die Liebe war erstorben. Er war nicht mehr an ihrem Heil interessiert. Sie zu versorgen und zum lebensspendenden Felsen zu führen, war ihm eine lästige Pflichtübung geworden. In einem Anfall von Ungeduld und Gereiztheit schlug er auf den Felsen. Keine dankbare Freude erfüllte ihn, als er sah, wie die ihm anvertrauten Menschen ihren Durst löschten und sich Murren in Dankbarkeit verwandelte. Er war einfach alles leid, und die ganze Menschenmasse war ihm gleichgültig geworden.

Durch diese eine Tat des Ungehorsams durften

Mose und Aaron das Ziel ihrer langen Wanderung nicht erreichen und die Krönung ihres Lebenswerkes nicht erleben. Im ersten Augenblick sind wir über eine so harte Bestrafung empört; sie erscheint uns im Verhältnis zur Straftat als höchst ungerecht. Aber wenn dieser Bericht zu unserer Warnung aufgeschrieben wurde, stellt er einen ewigen Grundsatz dar: Geistlichen Fortschritt können wir nicht im Alleingang erreichen.

„Hinab zur Hölle oder aufwärts zum Thron — der reist am schnellsten, der allein reist." Diese Worte des englischen Dichters Tennyson mögen in mancher Hinsicht zutreffen, aber nicht auf geistlichem Gebiet. Wir dürfen unsere Beziehungen nicht nur horizontal sehen, sondern auch vertikal. Mose gehörte ja selbst zur Gemeinde, zum Volk Gottes, und er konnte sich nicht so ohne weiteres davon lösen. Mit jedem Schritt, den er auf Gott zuging, mußte er die Last der Verantwortung für das Wohlergehen des Volkes mittragen. Der Hirte konnte nicht allein, ohne die Schafe, heimkehren; das wäre zu einfach gewesen. Er mußte den Berg erklimmen und das verlorene Schaf auf den Schultern tragen. Auch Jesus wollte nicht in die Herrlichkeit zurückkehren, solange er nicht die bedeutsamen Worte aussprechen konnte: „Siehe, ich und die Kinder, die mir Gott gegeben hat" (Hebräer 2,13). Deshalb fasse neuen Mut und gib nicht auf, solange Gott nicht aufgibt.

War nun Moses Leben vergeudet und all die Jahre der Mühsal und Beschwernisse umsonst gewesen, nur wegen dieser einen Tat des Ungehorsams? Keineswegs. Gottes Ziel für Mose war nicht, seine Füße auf ein bestimmtes Stück Land zu setzen, sondern ihn auf dem Weg der Herrlichkeit immer weiter zu führen. Von jetzt an lernte Mose geistliche Höhen kennen, die ihm bis dahin unbekannt gewesen waren. Er mußte an den Punkt zurückgehen, wo er versagt hatte. Er mußte dieselbe Art Leute weiterführen, damit sie ohne ihn das Land erreichten. Ohne Bitterkeit, Eifersucht oder Groll mußte er einen jungen Mann für die Aufgabe vorbereiten, an der er gescheitert war. Und Mose gehorchte. In den Augen seines Volkes schien er verworfen und beiseitegesetzt; in Gottes Augen war er durch seine Selbstlosigkeit, Demut und seine stille Beugung unter den Willen Gottes ein mächtiger Überwinder.

Hat er das Ziel seines Lebens nicht erreicht? Natürlich erreichte er es. Jahrhunderte später stand Christus in weißem Gewand auf einem Berg des verheißenen Landes und schaute in die Weite. Und Mose stand neben ihm. Schließlich war er doch da, aber soviel wir wissen sah er nicht viel von den fruchtbaren Hügeln und Tälern, denn er schaute auf Jesus Christus und sprach von seinem Tod. Jedes Gebet, das Mose je gesprochen hatte, war erhört worden, alle seine Wünsche waren erfüllt, und all sein Kummer und Herzeleid war vergessen.

Verfolgst du ein hohes und gewaltiges Ziel? Hast du ein solches Ziel, für das es sich lohnt, deine Kraft, Zeit, Liebe, ja dein ganzes Leben einzusetzen?

Fürchtest du manchmal, du würdest es am Ende doch nicht schaffen und alle Mühe wäre vergeblich? Dann schau nur weg von diesem Ziel und blicke auf Jesus! Er mag dir geben, wonach du strebst — oder auch nicht. Aber er wird dir in jedem Fall das geben, was du ernstlich suchst und wonach du verlangst, und er wird jedes Sehnen stillen. Bei ihm gibt es kein Versagen, kein Zukurzkommen, keine Enttäuschung. Droben im Licht werden wir sehen, daß jedes erstrebenswerte Ziel, das wir verfolgen, in Jesus erreicht und erfüllt ist. Und ihn zu kennen bedeutet, einzugehen in seine Ruhe.

7

DIE ENTSCHEIDENDE HILFE

„Aber das Volk ward ungeduldig auf dem Wege“ (4. Mose 21,4). Da fragt man sich unwillkürlich: Was war denn so schlimm auf diesem Weg? Das Problem bestand darin, daß sie diesen Weg schon so gut kannten. Es war ja das gleiche Rote Meer, das sie vor Jahren in großem Triumph durchzogen hatten, der gleiche alte Berg Horeb, an dem sie so großartige Erfahrungen mit Gott gemacht und so wichtige Entschlüsse gefaßt hatten. Es war alles so nah — und doch so fern. Und überhaupt, wozu diente das alles? Welcher Sinn lag darin? Schließlich waren sie immer noch in dieser öden, trockenen Wüste; das Manna hing ihnen zum Hals heraus, immer noch hatten sie es mit dem gleichen alten Mose zu tun. Da waren keine erfüllten Verheißungen, kein Fortschritt, sondern vielmehr Stillstand, Niederlage und dieselben Versuchungen, in denen sie immer wieder versagten. Solche Gefühle kennen wir wohl alle nur zu gut aus unserem eigenen Leben.

Doch wie viele verlorene Jahre braucht es, um die Wahrheit zu erkennen! Anstatt die Schuld bei sich selbst zu suchen, beschuldigt man andere: Gott, der seine Verheißung nicht erfüllt hat — „Das Christentum hat versagt; es hat meine Erwartungen nicht erfüllt, und schließlich muß man die Dinge nüchtern und realistisch sehen.“ — Mose, der

Führer — „Er ist so hoffnungslos rückständig! Wenn er aufgeschlossen, modern und nicht so verknöchert wäre, wenn er auf uns hörte, dann könnte noch etwas geschehen!“ — Die Wüste um sie her — „Die Umstände, in denen ich lebe, sind äußerst schwierig; es ist einfach nicht möglich, in meinen Verhältnissen als Christ zu leben!“ — Und das Manna — „Die Bibel sagt mir nichts; sie ist langweilig und hat nichts mit meinem Alltagsleben zu tun. Deshalb lese ich nicht mehr darin.“

Wieder einmal handelte Gott auf drastische Weise. Er schickte feurige Schlangen unter das Volk, und viele starben. Bereits fünf Minuten nach dem tödlichen Biß war den Israeliten klar, wo die Wurzel des Übels lag. Niemand schaute um sich, um Gott, das Manna, Mose oder die Wüste zu beschuldigen. Jedermann sah nur auf sich selbst, auf seinen eigenen notvollen Zustand und auf die Notwendigkeit einer sofortigen Heilung. Wer sich weigerte, der Not ins Auge zu sehen und die Hilfe in Anspruch zu nehmen, mußte mit dem sofortigen Tod rechnen. Doch diese furchtbare Tragödie verwandelte sich in einen großen Segen — ihre einzige Hoffnung auf Leben. Ihr Blick wurde von ihrem vergifteten Ich geradewegs auf Jesus gelenkt. Die Lage war so kritisch, daß es keinen Zweck hatte, irgend jemanden dafür verantwortlich zu machen. Der Kampf mußte zwischen dem sterbenden Sünder und seinem Erlöser ausgefochten werden. Alles andere mußten sie vergessen.

Wenn wir an diesen Punkt kommen, wird immer

etwas geschehen. Wenn uns Gott auf keine Weise zur Besinnung bringen und unseren Blick auf ihn richten kann als durch ein großes Unglück oder ein schweres Leid, dann schickt er eben Unglück und Leiden. Er liebt uns zu sehr, um sie uns ersparen zu können. Wenn wir erst am Rand des Todes umkehren wollen, dann bringt er uns an den Rand des Todes, um uns dort mit seiner ewigen Lebenskraft zu begegnen und uns wieder aufzurichten. Das Tal der Tränen wird zu einem Quellenort und das Tal der Schmerzen zum Tor der Hoffnung.

Das Volk Israel war in die gleichen Versuchungen gefallen wie früher, und in 4. Mose 21,7 finden wir dieselben Worte, die sie früher schon ausgesprochen hatten: „Wir haben gesündigt." Doch mit einem Unterschied. Sie waren in eine Krise geraten, in der ihnen Gott eine Wahrheit offenbaren konnte, die sie bisher nicht begriffen hatten. Der Herr sagte: „Mache dir eine feurige Schlange und befestige sie an ein Panier; und es soll geschehen, wer gebissen ist und sie ansieht, der soll am Leben bleiben!" (4. Mose 21,8). Jeder, der aus seinem Zelt herauskroch und seine brechenden Augen auf diese Schlange richtete, mußte erkennen: „Die Schlange hat mich gebissen. Das ist die Wurzel des Übels, der Ursprung des Gifts, des Fiebers und der Schmerzen, die in meinem Körper wüten. Da ist sie, dort an dem Pfahl angenagelt, tot, und deshalb hat sie jetzt keine Kraft mehr über mich. Die Ursache meiner tödlichen Krankheit ist beseitigt, deshalb braucht sie mich jetzt nie wieder zu befallen." Auf diese Weise würde der

Körper des Kranken von Leben, Gesundheit und Frieden durchflutet. Der Gebissene sollte aufschauen und leben.

Neulich kam mir ein Gedanke, und dadurch wurde mir der Inhalt von Römer 6 auf einmal viel deutlicher. Mir wurde klar, warum Gott anordnete, Mose sollte eine eherne Schlange machen, eine, die wirklich tot war. Nicht eine lebendige, feurige Schlange sollte er nehmen und sie an den Pfahl nageln. Sie hätte sich ja vor Schmerz und Qual gewunden. Nein, eine tote Schlange war das Bild, von dem Frieden und Heilung ausgehen würde. Es war eine eherne Schlange, und Erz bedeutet in der Bibel Gericht. Gottes Urteilsspruch über meine Sünde, die mein Leben zerstört, ist endgültig ausgesprochen worden. Wir haben dem Todesurteil zugestimmt, und das Todesurteil ist vollstreckt worden.

„Wissen wir doch, daß unser alter Mensch mitgekreuzigt worden ist, damit der Leib der Sünde außer Wirksamkeit gesetzt sei“ (Römer 6,6). Aber Kreuzigung ist ein langer und schmerzhafter Prozeß, ein furchtbarer Todeskampf. Zwischen dem Augenblick, wo der Verurteilte seine Hand ausstrecken muß, um sich annageln zu lassen, und seinem letzten Atemzug liegen viele qualvolle Stunden. Mit meinem gekreuzigten Ich verhält es sich genauso. Zu einem gewissen Zeitpunkt habe ich verstandesmäßig eingewilligt, mit Christus gekreuzigt zu sein und mein geistliches Leben nach den Grundsätzen und Geboten der Bibel zu führen. Aber dann folgt —

beziehungsweise muß folgen — eine Zeit erbittertsten Kampfes. Wir wollen gar nicht vom Kreuz heruntersteigen, wir wollen den untersten Weg gehen, verzichten auf unser Recht, nehmen Kränkungen demütig auf uns und verleugnen uns selbst — aber unsere Lebensgeister sind matt, wir stehen am Rand des Zusammenbruchs. Unser verletzter Stolz, unsere Eifersucht und verwundete Eigenliebe nagen an uns. Zuerst haben wir damit zu kämpfen, weil sie nicht sterben, sondern leben wollen, und schließlich sind wir todmüde. Wir leiden viel mehr als der natürliche, ungekreuzigte Mensch, der sein Leben nach seinen Wünschen und Vorstellungen einrichtet. Der natürliche Mensch steht den Schmerzen und Kämpfen eines Christen, der zu einem Leben der Selbstverleugnung, des Gekreuzigtseins eingewilligt hat, verständnislos gegenüber und wird sich vielleicht sogar darüber lustig machten.

Wie verhält es sich nun damit? Wahrscheinlich müssen wir, bevor wir uns selbst genug hassen können, um unser Todesurteil auszusprechen, uns erst einmal selbst gründlich kennenlernen, uns so sehen, wie wir wirklich sind. Durch die Kreuzigung kommt das Schlimmste, das, was tatsächlich in uns steckt, zum Vorschein. Bei einem gekreuzigten Menschen bleibt nichts mehr übrig von Tünche, Heuchelei oder jeglicher Art von Beschönigung. „Wir empfangen, was unsere Taten wert sind" (Lukas 23,41), schreit der sterbende Schächer, als er sich zum erstenmal selbst erkennt. All die

Eigenschaften, die wir niemals in uns vermutet hätten, all das Gift der Sünde, das bisher in unserem Bewußtsein und unserem Unterbewußtsein schlummerte, kommt bei einer solchen Behandlung plötzlich ans Licht und wehrt sich entschieden dagegen, sterben zu müssen. Nie zuvor hatten wir eine Ahnung von der Macht und Kraft der Sünde in unserem Leben, bis wir sie zur Kreuzigung hingaben. Es ist nicht so sehr das Wissen um das, was wir zu tun haben, das uns erschreckt, sondern die Erkenntnis unseres Wesens, das Ans-Licht-Kommen des Lebens, das sich mit aller Kraft gegen das Sterben wehrt. Jede böse Leidenschaft, die in den Israeliten war, ist in der Wüste ans Licht gekommen, und zwar von dem Augenblick an, als sie, erlöst durch das Blut des Lammes, auszogen und sich auf die Wanderung machten. Die Schlange war immer da — und wehrte sich gegen das Sterben.

„Wie lange noch?" rufen wir. Und auf diese Frage gibt es keine Antwort. Wenn wir unsere Lektion angenommen und gelernt haben, dann sagt der Herr: „Es ist genug! Ich will euch Ruhe geben; ihr sollt sterben." Für manche kommt diese Zeit bald, andere mühen und quälen sich ihr ganzes Leben hindurch. Doch ein solcher Zustand ist niemals Gottes Wille. Sein Ziel für uns ist Friede und Kraft durch das Auferstehungsleben Jesu Christi, das jedoch erst dann wirksam wird, wenn das Todesurteil ausgesprochen wurde.

Äußere Konflikte wird es immer geben: Je mehr sich Israel dem verheißenen Land näherte, desto mehr Kämpfe hatte es mit seinen Feinden auszufechten. Und die Jünger hatten nach Pfingsten mehr zu leiden als vorher. Doch ihre innere Einstellung hatte sich gewandelt. Nachdem Israel auf die eherne Schlange geschaut hatte, lesen wir nichts mehr von Eifersucht, Murren, Entmutigung oder Unglauben. Anstatt mit sich selbst zu kämpfen, konnten sie jetzt ihre Aufmerksamkeit auf ihre äußeren Feinde richten, die Moabiter und Amoriter. Nachdem sie den Kampf mit ihren eigenen Herzen ausgefochten hatten, konnten sie daran gehen, das Land für Gott in Besitz zu nehmen.

Sie schauten auf und lebten. Aber zuerst mußten sie durch jenen verzweifelten Blick ihrer brechenden Augen „sterben". Es war, als ob Gott zu ihnen sagte: „Es ist genug, ihr müßt sterben. Der Kampf, die Türen der Verzweiflung und das Gift der Unzufriedenheit müssen aufhören. Ich habe all das weggeräumt und an mein Kreuz genagelt. Sie sind in meinem Sohn gestorben. Das Kreuz soll nicht länger ein Instrument der Qual sein, sondern der Ruheort eures Herzens, der Ort, wo ihr euch entspannen und den Kampf aufgeben könnt. Das Leben, das ihr von jetzt an kennenlernt, ist nicht mehr Kampf, Qual und Todespein, sondern das Leben Jesu, das still und ruhig aus der Tiefe eures Herzens hervorsprudelt — wie ein lebendiges, frisches Quellwasser —, reinigend und stärkend. Ihr braucht nur aufzuschauen und zu sterben — und dann aufzuschauen und zu leben."

Danach wurde alles anders. In 4. Mose 21,10-12 fanden sie ein neues Lebensziel. Anstatt sich im Kreis zu drehen, fanden sie plötzlich die Richtung, in die sie gehen mußten. Sie wanderten gegen Sonnenaufgang; der anbrechende Tag lag vor ihnen. Anstatt umher- und zurückzuschauen, schauten sie vorwärts und aufwärts. In 4. Mose 21,17-18 lesen wir von einem neuen Lobgesang. Selbst in dem heißen, trockenen Tal hörte man Singen statt Klagen. Und dann natürlich sprudelten die Quellen der Gnade Gottes hervor. Von da ab litt das Volk keinen Durst mehr, denn Gott belohnt Lobpreis und Dankbarkeit in Zeiten der Anfechtung immer mit neuen Segnungen. Murren und Kritik waren aus dem Weg geräumt und ans Kreuz genagelt worden.

Es gab auch eine neue Absonderung und eine klare, einheitliche Linie. Sie zogen durch ein fremdes Land. „Wir wollen weder in die Äcker noch in die Weingärten treten“, sagten sie, „wollen auch von dem Brunnenwasser nicht trinken; wir wollen die Königstraße ziehen, bis wir durch dein Gebiet gekommen sind!“ Das hatten sie früher schon einmal gesagt, aber wie mißmutig sehnten sie sich damals nach den grünen Oasen. Nun waren sie mit dem himmlischen Manna zufrieden und fühlten kein Verlangen nach den Quellen und saftigen Früchten der Amoriter. Sie zogen es vor, geradeaus weiterzugehen. Diese weltlichen Lüste waren jetzt verschwunden; sie waren ans Kreuz genagelt.

Schließlich bekamen sie auch neue Kraft. Weil ihre inneren Konflikte gelöst waren, war es ihnen jetzt möglich, alles einzusetzen, um mit den Konflikten äußerer Art fertig zu werden. Die

Kämpfe wurden anders ausgeführt. Der Sieg war ihnen jedesmal sicher. Ihre Wanderung war ein einziger Triumphzug. Um jeden Fußbreit Land mußten sie kämpfen, oft waren sie müde und manchmal verwundet, manchmal auch furchtsam — aber doch: Welche Freude erfüllte sie! Die Festungen um sie her fielen, die Feinde flohen. Und so wird es immer sein, weil der größte Feind ein für allemal besiegt ist. Seine Macht wurde gebrochen, als Jesus am Kreuz starb, als die Schlange erhöht wurde.

Vor einiger Zeit las ich von einem chinesischen Christen, der langsam an einer unheilbaren Krankheit dahinsiechte. Er schrieb die folgenden Zeilen, die dieses Kapitel zusammenfassen: „Mit ihm, mit ihm am Kreuzesstamm ist meine Furcht und Not gestorben. Vergeblich schaue ich nach dem Leid, statt dessen sehe ich nur noch Freude, weil ich mit Jesus gekreuzigt bin. Starke Schmerzen haben mich sechs lange Jahre geplagt, und trotzdem ist mein Herz immer fröhlich, und ich singe den ganzen Tag. Für Tränen habe ich keine Zeit."